Roberto BENA

# Sulle ali del tempo

Copyright

Roberto Bena
Sulle ali del tempo
© 2012, Roberto Bena

Ai miei cari

## Monotonia del treno

Vetri  appannati e lacrime di pioggia,
monotonia del treno.
Il buio d'una galleria, rincorrendo il tempo;
e tutto è ancora come prima.

## Poesie senza fine

I

Si strappa l'atmosfera
e un occhio immobile
nel buio
contempla l'infinito.

II

Senza parole resto là
davanti a me si apre l'infinito,
com'è immobile!

III

L'infinito è l'orgoglio di un uomo
che dà la vita
a un'altra vita
all'infinito!

Il mio corpo trema
percosso da un brivido intenso
... non controllo più i miei sensi ...
... è amore...

Sono crepe,
sul muro della vita,
i segni del tempo
dove s'incastrano muti,
più muti
i silenzi del cuore.

La mente,
scavando
riscopre
antichi brandelli
dell'anima.

S'affollano
come lampi di luce
pensieri
ed antichi contorni riprendono forme
presto stregate di antico stupore.

Notte sublime
ascolta il mio canto
è rimpianto
è dolore inchiodato
su ferite profonde

Posati dolce,
splendida notte
di pace
di moti silenti

Tu, culla soave
percorsa da sogni
di angeli alati.

Eccoli, ancora risento
i docili canti
di tenero
cuore fanciullo
che ancora
s'addorme
con me.

## *Al tavolo dei ricordi*

Seduto sto
al tavolo dei ricordi
che sputano
amare sentenze;
qui,
accanto al mio
compagno Silenzio
colto
da un raggio di luna
sputato
dal cielo sopra di me
nel mio
silente
abbandono

## *Poesia*

Proprio là
dove il blu s'immerge nell'immenso
(ed i tuoi spiriti
sussultano, inghiottiti dal cielo)
ha inizio la poesia ...

## La mia poesia

E' questo battito profondo:
rintocchi magici
di getto risvegliati nel cuore,
che sta dentro il tuo petto
o sul fondo misterioso
delle cose e del tempo.
E' lo sfaldare un sentimento,
fissarlo, vivo, perché non vada mai più via.
E' sconfiggere il dolore
o colorire la gioia che sento,
la mia poesia.

Questa sera
non m'importa
di rientrare
per addormentare
la mia solitudine
Lascerò che la mia mente
si perda così
senza di lei,
in un traffico di strade.
Si affaticano
veloci
le ultime luci
colorate
di un bar di periferia.
L'asfalto avanti a me.
Non c'è il vuoto,
ma peggior cosa vedo,
in lontananza,
solo,
un uomo col suo cane.

Pian piano
il ricordo si sfa
piega adagio su di me
le sue ali
il Silenzio
ma si ribella
guerriera
la mia anima
e la mia voce
si fa intensa
ancora ...

## Sui vetri del tempo appoggiata

Mi  riscopro a pensarti
sui vetri del tempo appoggiata
il sorriso alle labbra ridenti
dei tuoi dolci vent'anni.
Ricordi com'eri?
Eri un filo
agganciato al mio strano destino:
ora che l'hai annodato
sei il tempo
per me.

E' sera
è l'ora dei ricordi
che si affollano
al richiamo dell'animo
mio inquieto
Tremule
fiammelle esposte
al vento della vita
... son passati.
Resta il mio cuore
così
galleggiante
di malinconia perduta.

Mi avvolgo
tra i miei pensieri
e mi prendono
i ricordi ... ancora ...
caldi ...
come in casa
il fuoco
per l'inverno.

Lasciatemi dormire

nella calda alcova della memoria

tra i ricordi che hanno fatto me stesso

sospeso

in questa terra senza tempo

Silenzio!

Lasciate che si sfogli il calendario da sé.

Tremito violento

Ansia da superare

Vuoto di rabbia:

un'altra occasione perduta!

Stai con me

perché

non c'è momento

senza te

per questa vita.

Non sai tu forse

quanto fiato

fa palpitare

questo mio

spasimato cuore

sospeso

come sul trapezio

nel diroccato circo

dell'anima mia,

di questo clown

che tolta la maschera

resta

inesorabilmente uomo.

Mi dà forza l'idea di te

questa sera che ho nel cuore

un'inspiegabile

spina di tristezza.

Dilaga un inverno immobile

tra i miei pensieri

trapassati

da fantasmi di ricordi,

impalpabili, diafani spettri.

Non c'è niente

che non si sgretoli

di ciò che tocca il Tempo ...

Briciole e polvere

straziati brandelli

cadono

sul mio più immenso dolore:

non volere

ma dover

dimenticare.

Batte il ritmo

il Tempo

col suo ghigno

... inesorabile ...

Evapora la tua anima da te

La nebbia

avvolge

le cose di qui

che come inscatolate fuggono via.

**A**nima

**M**ente

**O**rgoglio

**R**ima calda

**E**ntità assoluta

Cercami qui

dove mi sai

raggomitolato

sui miei pensieri,

senza tempo,

dove ogni barriera

sconfina

nell'orizzonte delle mie ansie

inappagate di poesia.

Grigia foschia

dell'animo

ricorda

questa grandine

scaraventata

a spessi tonfi

come sul mio cuore.


La Natura in allarme

riconduce

alla mia mente

la sola tangibile

verità

per questa vita:

l'uomo

ed il suo mondo

nel ciclone della sua

fragilità.

Fammi ancora specchiare nei tuoi occhi!

Sono, per me,

la forza di un attimo di fiato

per non interrompere la corsa pazza della vita.

Per me conserva il tuo sguardo profondo

perfino al di là dei miei giorni.

Dove l'abisso dei miei pensieri

rotolando andrà a cadere

ci sarai tu che raccogli l'essenza di me

perché fioca non sia mai

questa mia voce

tribolata di passioni.

## Impressionato da questo vivere

Riprendo fiato

con un profondo respiro

e guardo verso nuove mete

impressionato

da questo vivere ...

Non mi chiedo

se sono poeta e perché

Non mi importano

le altisonanti frasi

volte a definire l'impossibile.

Voglio invece

scandagliare la mia anima

e alle sue pieghe

dare il nome dei miei sensi

attraverso questa voce

che adesso più che mai

vuol essere intesa.

## Ero io

Ho visto
sgretolarsi
eterne attese.

Ho visto
volti
arrampicarsi
sul labile filo della memoria.

Ho visto
mani cercare ancora
nel buio.

Ho visto
un uomo cedere alla sua labilità:
ero io.

## Come un Ulisse

Voglio approdare ancora

e ripartire

naufragando

se necessario

come un Ulisse

assetato di sapere.

## *La matassa*

Vorrei

ancora una volta

un'ultima, terribile volta

guardarmi allo specchio e vedere

per un attimo

anche solo

la porta proibita del mistero

spalancata alle mie spalle

e varcarla

tremante,

anche solo col pensiero

per vedere se c'è altro

e perché quest'altro a noi, mortali,

non c'è dato di vedere

voglio solo per un attimo sapere

se al di là di quella soglia

vivono, al di là dei miei timori,

divine presenze.

Si accavallano i pensieri

rincorrendosi veloci

e con disumano sforzo

cerco di concentrare l'attenzione sul mondo

che si accampa in fronte a me

come un'enorme intricata

matassa di eventi

e, ritrovata la pace, mi blocco:

potrò un giorno mai sapere chi ne tiene il capo?

Il battito del mio cuore mi ricorda

una vita condotta da sempre

sull'orlo di un precipizio profondo.


A me e al mondo

sconosciuta è l'ora del grande balzo

nel baratro che inghiotte.


Ognuno cresce col suo tempo

e lo rincorre

e non arriva mai al sorpasso.


Forse che sia qui l'origine del male?

Perché la ragione umana è fatta tale

da comprendere i limiti suoi

e non ciò che li scavalca?


Quando l'ombra oscura scolorirà il tuo giorno

e verso la vertigine ti condurrà

allora forse là

si mostrerà lo spiraglio

dove si svelan le attese

che ora tu rendi impazienti vivendo.

# Indice

*Prima edizione 2012* - *ISBN* 978-1-4710-5799-1

www.ingramcontent.com/pod-product-compliance
Lightning Source LLC
Chambersburg PA
CBHW060809040426
42331CB00046BB/2295